DUDEN
Schülerhilfen

Rechtschreibung 1

DUDEN Schülerhilfen

DEUTSCH

Aufsatz 1
2. und 3. Schuljahr

Aufsatz 2
3. und 4. Schuljahr

Aufsatz / Beschreibung
7. bis 10. Schuljahr

Schreibspiele
ab 3. Schuljahr

Lesebeispiele
ab 3. Schuljahr

Rechtschreibung 1
2. und 3. Schuljahr

Rechtschreibung 2
3. und 4. Schuljahr

Rechtschreibung 3
4. und 5. Schuljahr

Rechtschreibung 4
5. und 6. Schuljahr

Rechtschreibung 5
7. und 8. Schuljahr

Grundwortschatz
3. und 4. Schuljahr

Schön schreiben und gestalten
für die Grundschule

Grammatik
4. und 5. Schuljahr

CHEMIE

Grundlagen der Chemie
8. bis 10. Schuljahr

MATHEMATIK

Grundrechenarten 1
ab 2. Schuljahr

Grundrechenarten 2
ab 3. Schuljahr

Größen und Maße
ab 5. Schuljahr

Rechenspiele
ab 5. Schuljahr

Gleichungen und Ungleichungen 1
5. und 6. Schuljahr

Rechenbäume – Terme – Texte
5. und 6. Schuljahr

Lösen von Sachaufgaben
5. und 6. Schuljahr

Flächen und ihre Berechnung 1
5. und 8. Schuljahr

Körper und ihre Berechnung 1
5. bis 8. Schuljahr

Dezimalbrüche
6. Schuljahr

Teiler und Vielfache
6. Schuljahr

Brüche
6. und 7. Schuljahr

Dreisatz und Prozente
6. bis 8. Schuljahr

Aufbau des Zahlensystems, vollständige Induktion
ab 7. Schuljahr

Gleichungen und Ungleichungen 2
7. und 8. Schuljahr

Dreieckskonstruktionen
7. und 8. Schuljahr

Bruchgleichungen und Bruchungleichungen
8. Schuljahr

Textgleichungen 1
8. Schuljahr

Gleichungen mit zwei Unbekannten
8. und 9. Schuljahr

Textgleichungen 2
7. und 9. Schuljahr

Quadratische Gleichungen und Ungleichungen
9. Schuljahr

Wurzeln und Potenzen
9. und 10. Schuljahr

Flächen und ihre Berechnung 2
9. und 10. Schuljahr

Körper und ihre Berechnung 2
9. und 10. Schuljahr

Trigonometrie
10. Schuljahr

Weitere Bände sind in Vorbereitung

DUDEN
Schülerhilfen

Rechtschreibung 1

Texte zum Üben und Schreiben mit vielen Anregungen

von Annette und Ulrike Raether
Gestaltung und Illustrationen
von Hans Ibelshäuser und Doris Rübel

DUDENVERLAG
Mannheim · Leipzig · Wien · Zürich

Die Deutsche Bibliothek – CIP-Einheitsaufnahme
Duden-Schülerhilfen
Mannheim; Leipzig; Wien; Zürich: Dudenverl.
Früher im Verl. Bibliograph. Inst., Mannheim, Wien, Zürich
Deutsch. Rechtschreibung 1
Texte zum Üben und Schreiben mit vielen Anregungen /
von Annette und Ulrike Raether. – 1996
ISBN 3-411-06312-2

Druck: Neue Stalling GmbH, Oldenburg
Gedruckt auf Eural Super Recyclingpapier matt gestrichen
Bindearbeit: Schöneberger Buchbinderei, Berlin
Printed in Germany
ISBN 3-411-06312-2

Inhaltsverzeichnis

Inhaltsverzeichnis

Wir stellen vor

Das ist Peter Schreiber.

Peter ist 6½ Jahre alt. Er geht in die erste Klasse. Er fährt gern Fahrrad und spielt natürlich gern Fußball. Er kann schon ganz allein Tee kochen und er hilft beim Einkaufen.

Das ist Uli Schreiber.

Der kleine Uli ist vier Jahre alt. Er will immer alles gemeinsam mit seinen großen Geschwistern machen. Roller fahren aber will er allein. Und die Schokolade teilt er überhaupt nicht gern.

Das ist Lore Schreiber.

Lore ist acht Jahre alt. Sie buddelt gern in ihrem kleinen Blumenbeet auf dem Balkon. Ihren Kanarienvogel liebt sie sehr. Wenn sie allerdings den Käfig sauber machen soll, dann findet sie tausend Ausreden.
Seit den Sommerferien geht sie in die zweite Klasse. Manchmal steckt sie noch ihr Kuscheltier in den Schulranzen. Vor allem beim Diktat muss es auf ihrem Tisch sitzen.

So lernt Lore schreiben

Beim Diktatschreiben hat Lore meistens ein komisches Gefühl im Bauch. Sie ist eben ein bisschen aufgeregt. Es ist ja auch ganz schön schwer, ein Wort auswendig und ohne Hilfe aufzuschreiben.
Wie gut, dass man die Wörter üben kann! Und wie macht Lore das? Sie macht das so: Sie schaut sich das Wort, das sie schreiben will, genau an. Dann macht sie die Augen zu und stellt sich das Wort geschrieben vor. O weh! Sie kann sich nur den Anfang vorstellen. Schnell schaut sie sich das Wort noch einmal an. Jetzt kann Lore das Wort schon mit dem Finger in die Luft oder auf den Tisch schreiben. Das geht ganz fix und keiner sieht die Fehler.

Ganz anders ist es, wenn ein Wort auf Papier geschrieben werden muss. Zuerst einmal muss es Lore leserlich schreiben. Und dann muss sie überprüfen, ob sie es richtig geschrieben hat.

Sie vergleicht: einen Finger auf die Vorlage und einen Finger auf das auswendig geschriebene Wort. Sie sieht ihre Fehler und verbessert sie sofort.

Seit einiger Zeit schreibt Lore aber nicht nur für die Schule. Gestern fand Mutter eine Nachricht am Telefon.

Und letzte Woche hat sich Lore so sehr über ihre Eltern geärgert, dass sie ein Schild an die Tür gehängt hat.

Vater fiel beinahe in Ohnmacht, als er gestern früher von der Arbeit nach Hause kam und Lores Zettel an der Haustür fand.

So lernt Lore schreiben

Sehr gerne schreibt Lore auch Briefe an ihre Großmutter. Großmutter antwortet immer. Außerdem hat Großmutter viel Verständnis für Lores Ärger mit den Eltern.

Lores allerliebste Schreibbeschäftigung aber ist es, den Einkaufszettel zu schreiben. Dabei mogelt sie gerne eine Schleckerei in die Liste und freut sich, wenn Mutter darauf hereinfällt.

Dass die Wörter in den Nachrichten, in den Briefen und auf den Zetteln nicht immer richtig geschrieben sind, ist nicht so wichtig. „Hauptsache, du schreibst gern", sagt Lores Vater. Deshalb hat er ihr auch einige Schreibspiele beigebracht. Ihr Lieblingsspiel heißt:

Buchstabenstechen

Ein Mitspieler nimmt einen spitzen Bleistift. Mit geschlossenen Augen sticht er auf einen Buchstaben in einer Zeitung. Jeder Mitspieler schreibt nun in einer bestimmten Zeit möglichst viele Wörter auf, die mit diesem Buchstaben anfangen.

Wenn Lore keine Wörter mehr auswendig weiß, sucht sie in ihrem Lesebuch. Da kann sie dann auch vergleichen, ob sie die Wörter richtig geschrieben hat.

Vielleicht gefallen dir einige von Lores Schreibideen so gut, dass du sie auch einmal ausprobieren möchtest.

So übst du mit diesem Buch

Wenn du das richtige Schreiben lernen willst, ist es sehr wichtig, dass du immer und überall etwas schreibst, dass du Freude am Schreiben hast. Du musst aber auch r e g e l m ä ß i g üben! Deshalb haben wir 24 kurze und lustige Rechtschreibgeschichten für dich erfunden. Die Geschichten handeln von Lore, Peter und dem kleinen Uli. Sie erzählen, was diese drei Kinder das ganze Jahr hindurch treiben, was sie traurig und was sie fröhlich macht. Die Grafiker haben bunte Bilder und kleine witzige Figuren zu den Geschichten gemalt.

So übst du mit diesem Buch

Schlage einmal das erste Kapitel (S. 20) auf.
So kannst du üben:

Lies die Geschichte.

Lies sie laut und deutlich. Hast du sie verstanden oder hast du nur holterdiepolter über sie hinweggelesen?

Stelle eine Faltliste für die schwierigen Wörter her.

Das machst du so:
Schlage dein Heft auf. Falte die linke Seite bis zur Heftmitte.
Falte sorgfältig, nicht schief und krumm, es sollen nämlich zwei gleich große Spalten werden.

Übe die schwierigen Wörter mit der Faltliste.

Das machst du so:
Schreibe die schwierigen Wörter untereinander in die linke Spalte.
Hast du sie richtig abgeschrieben?
Vergleiche.
Lies das erste Wort der Liste aufmerksam durch.
Schau wirklich genau hin!

So übst du mit diesem Buch

Decke das Wort mit der Hand ab. Schreibe das Wort auswendig in die rechte Spalte.
Weißt du noch, wie das Wort geschrieben wird? Schau lieber noch einmal nach.

Vergleiche.
Vergleiche noch einmal das Wort, das du auswendig aufgeschrieben hast, mit dem Wort, das du abgeschrieben hast. Zeigefinger auf beide Wörter und hingeschaut!

Verbessere.
Wenn du einen Fehler gemacht hast, schreibe das Wort noch einmal.
So machst du es mit allen schwierigen Wörtern.

So übst du mit diesem Buch

Schreibe auf die rechte Heftseite das, was in den Übungen 1, 2 und 3 gefragt wird.

Vergleiche deine Antworten mit den Lösungen (ab S. 68). Aber nicht mogeln!

Schreibe die Geschichte in dein Heft (Übung 4).

Fange damit auf einer neuen Seite an. Versuche auf dieser Seite besonders schön zu schreiben und die Seite auszuschmücken.

Übe regelmäßig.

Übe täglich zu einer bestimmten Zeit.

Übe nur kurze Zeit.

Übe zum Beispiel nur 15 Minuten lang. Für eine Rechtschreibgeschichte brauchst du mehrere Nachmittage.

Rechtschreibgeschichten

Nach den Ferien

Morgen fängt die Schule wieder an. Lore packt das Schreibheft, das Rechenheft und die neuen Buntstifte in den Ranzen. Soll Lore ihr Kuscheltier auch einpacken? Warum nicht? Sie geht doch erst in die zweite Klasse.

sie fängt an, die Ferien,
morgen, die Schule, das
Schreibheft, das Rechenheft,
die Buntstifte, der Ranzen,
sie geht, die Klasse, einpacken.

So kannst du üben

1 Was packt Lore in ihren Ranzen? Schreibe es in dein Heft.

2

Setze den Bleistift zusammen. Wie heißt der Satz? Schreibe ihn richtig in dein Heft.

3 Bei diesen Namenwörtern fehlen die Begleiter *der, die, das:*

Ferien, Schreibheft, Bleistift, Rechenheft, Buntstifte, Ranzen, Kuscheltier, Klasse.

Ordne die Wörter so:

der	*die*	*das*
	Ferien	

4 Jetzt schreibe die Geschichte richtig in dein Heft ab.

Gespenster

Es trippelt ums Haus.
Komm doch mal raus!
Es klopft ans Fenster.
Sind es Gespenster?
Es trommelt aufs Dach.
Schau doch mal nach.
Es kommt nicht herein.
Was mag das nur sein?

es trippelt, es kommt,
es klopft, die Gespenster,
es trommelt, das Dach,
herein, das Fenster, das Haus,
mag, doch.

So kannst du üben

1 Wer sind die Gespenster?
Schreibe es in dein Heft.

2

Wie heißen die Namenwörter, die sich hinter den Gespenstern versteckt haben?
Schreibe sie in dein Heft.

3 Was tut der Regen? Lies im Rätsel nach.
Schreibe so: *Der Regen tr* . . . .

Unterstreiche die Zeitwörter.

4 Schreibe das Rätsel in dein Heft ab.

Das Fahrrad

Peters Fahrrad ist kaputt. Ein Reifen ist platt. Das Licht brennt nicht. Die Klingel ist locker. Die Kette klappert. Das findet Vater nicht gut. Er repariert alles. Peter wäre ein neues Fahrrad lieber gewesen.

das Fahrrad, kaputt, platt, der Reifen, das Licht, es brennt, die Klingel, locker, die Kette, sie klappert, er findet, er repariert, neu, lieber.

So kannst du üben

1 Was muss Vater alles reparieren? Schreibe es in dein Heft. Ist dein Fahrrad in Ordnung?

2

Hier stehen zwei Sätze.
Schreibe sie in dein Heft.
Vergiss die Punkte am Satzende nicht.

3 Zähle die Sätze in der Geschichte. Wie viele sind es? Schreibe den längsten in dein Heft.

4 Schreibe die Geschichte in dein Heft ab.

Basteln

Lore und Peter haben Kastanien, Eicheln, Rinde und Hagebutten gesammelt. Jetzt basteln sie ein Pferd aus Kastanien, Männchen aus Eicheln und Schiffe aus Rinde. Uli fädelt eine Kette aus Hagebutten auf. Er ist sehr eifrig bei der Sache und fädelt und fädelt. Gleich muss er im Flur weiterarbeiten.

basteln, die Kastanie, die Eichel, die Hagebutte, er hat gesammelt, das Pferd, das Männchen, das Schiff, er fädelt, die Kette, eifrig, jetzt.

So kannst du üben

1 Was basteln Lore und Peter?
Schreibe es in dein Heft.

2

Hier ist alles verkehrt herum aufgefädelt.
Bringe es wieder in Ordnung.
Schreibe den Satz richtig in dein Heft.

3 Bei diesen Wörtern fehlen die Selbstlaute
a, e, i, u:

die K_st_n_n, das Sch_ff, das Pf_rd,
die H_g_b_tt_n, b_st_ln, s_mm_ln,
die R_nd_, der Fl_r.

Schreibe die Wörter vollständig in dein Heft.
Unterstreiche die Selbstlaute.

4 Schreibe die Geschichte
in dein Heft ab.

Ein Haus am Marktplatz brennt. Helle Flammen schlagen aus dem Dach. Die Feuerwehrmänner spritzen mit Wasser. Dicker Rauch quillt aus den Fenstern. Niemand ist verletzt. Aber die Salatköpfe, die Mutter auf dem Markt gekauft hat, riechen noch mittags nach Rauch.

der Marktplatz, hell, dick,
die Flammen, das Wasser,
die Feuerwehr, spritzen,
es quillt, riechen, mittags,
das Fenster, der Rauch.

So kannst du üben

1 Was geschieht auf dem Marktplatz?
Schreibe es in dein Heft.

2

Welcher Satz steht auf dem Feuerwehrschlauch?
Schreibe ihn richtig in dein Heft.

3 Hier ist etwas durcheinander geraten:

bren- *-ser* *hel-* *-tags* *Flam-*
Was- *-nen* *Mut-* *-men* *Män-*
-le *mit-* *-ter* *quel-* *-ner* *-len*

Welche Silben passen zusammen?
Schreibe so: *bren–nen, . . . – . .*

4 Schreibe die Geschichte in dein Heft ab.

Das Schmeckspiel

Die Kinder spielen. Lores Augen sind mit einem Tuch zugebunden. Die Kinder stecken ihr etwas in den Mund. Sie muss raten. Das ist ein Stück  . Und das ist  ! Auf einmal spuckt und schimpft Lore. Wer hat ihr ein Stück  gegeben?

spielen, das Tuch, ihr, etwas,
zugebunden, essen, der Apfel,
die Schokolade, sie spuckt,
sie schimpft, die Zitrone,
der Mund, gegeben, das Stück.

So kannst du üben

1 Warum spuckt und schimpft Lore?
Schreibe es in dein Heft. Spiele das Spiel selbst einmal mit deinen Freunden.

2

Schlage die Wörter zu den Bildern im Wörterverzeichnis nach. Schreibe die Wörter in dein Heft.

3 Lies diese Wörter laut:

spucken, sparen, der Spinat, spielen, die Spaghetti, stark, das Stück, stecken, der Stock, der Stau.

Schreibe die Wörter in dein Heft.
Kreise *sp / Sp* und *st / St* farbig ein.

4 Schreibe die Geschichte in dein Heft ab.

Geheimnisse

Lore hat ein schönes Geschenk für Mutter gebastelt. Lore will es nicht verraten. Das hat sie sich fest vorgenommen. Aber sie erstickt fast an ihrem Geheimnis. Da verrät sie es Mutter doch. Mutter muss aber versprechen das Geheimnis bis Weihnachten wieder zu vergessen.

das Geschenk, hat gebastelt, sie erstickt, das Geheimnis, sie will, fest, fast, sie verrät, vorgenommen, wieder, vergessen, sie muss.

So kannst du üben

1 Warum verrät Lore ihr Geheimnis doch? Ist es dir schon einmal ähnlich ergangen?

2

Löse das Silbenrätsel und schreibe die Wörter in dein Heft.

3 vor und ver sind Wortbausteine. Setze sie vor die passenden Zeitwörter.

__stecken __schließen __ändern __bieten
__bereiten __haben __spielen __lesen

Schreibe so: *ver + stecken = verstecken*

4 Schreibe die Geschichte in dein Heft ab.

Advent

Familie Schreiber feiert den ersten Advent. Peter darf die Kerze anzünden. Das Streichholz will und will nicht angehen. Endlich hat er es geschafft. Die Kerze brennt. Stolz bläst er das Streichholz aus. Oje! Jetzt hat er die Kerze mit ausgepustet.

der erste Advent, sie feiert, die Kerze, anzünden, endlich, sie brennt, geschafft, stolz, er bläst, jetzt, das Streichholz, ausgepustet, will, angehen.

So kannst du üben

1 Warum brennt die Kerze nicht mehr? Peter hat sie doch angezündet. Schreibe es in dein Heft.

2

Welche Wörter stehen auf den Kerzen? Schreibe sie in dein Heft.

3 Hier fehlen *br* oder *bl:*

_ennen, _itzen, _aun, _emsen,
_asen, _av, _ingen, _eiben, _au.

Schreibe die Wörter vollständig in dein Heft.

4 Schreibe die Geschichte in dein Heft ab.

„Christkind ist da“,
sangen die Engel im Kreise
über der Krippe
immerzu.

Der Esel sagte leise
I-a
und der Ochse sein Muh.

Der Herr der Welten
ließ alles gelten.
Es dürfen auch nahen
ich und du.

Josef Guggenmos

Weihnachten, das Christkind,
die Engel, der Kreis, die
Krippe, der Esel, der Ochse,
er ließ, dürfen, nahen, gelten.

1 Was sangen die Engel?
Schreibe es in dein Heft.

2

Schreibe die Sätze, die auf den Sternen stehen, in dein Heft.

3 Lerne das Gedicht auswendig. Vielleicht kannst du es zu Weihnachten aufsagen. Male dazu ein Krippenbild.

4 Schreibe das Gedicht in dein Heft ab.

Tee für Mutter

Mutter fühlt sich nicht wohl. Eigentlich braucht sie Ruhe. Aber Lore schafft ihre Hausaufgaben nicht allein. Vater ruft aus dem Büro an. Uli hat Hunger. An der Tür klingelt es. Peter geht in die Küche. Er kocht Tee für seine Mutter. Aber helfen soll sie ihm nicht.

sie fühlt, wohl, eigentlich, allein, ihre, das Büro, der Hunger, es klingelt, er geht, er kocht, der Tee, die Ruhe, soll, ihm, helfen, sie schafft.

So kannst du üben

1 Wodurch wird Mutter gestört?
Schreibe es in dein Heft.

2

Schreibe den Satz in dein Heft.
Achte auf den Punkt am Satzende.

3 Kannst du das vorlesen?

Viele  im 
Viele 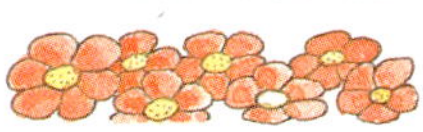 im 
Viele  im 
Viele  im 

Ersetze die Bilder durch Wörter.
Schreibe den Vers in dein Heft.
Kreise *ee* ein.

4 Schreibe die Geschichte
in dein Heft ab.

Das Vogelhäuschen

Lore und Peter beobachten die Vögel vor dem Fenster. Es ist ganz still im Zimmer. Meisen und Spatzen picken die Körner auf. Eine dicke Amsel will ihnen alles wegfressen. Plötzlich poltert Uli ins Zimmer und tapst gegen die Fensterscheibe. Schade! Er wollte doch auch Vögel beobachten.

der Vogel, er tapst, das Fenster, still, sie picken, er poltert, ihnen, das Zimmer, beobachten, die Körner, vor, ganz, dick.

So kannst du üben

1 Was tun die Vögel?
Schreibe es in dein Heft.

2

Wie heißen die Wörter, die auf den Schneewolken stehen?
Schreibe sie in dein Heft.

3 Suche die Namen der Menschen, Tiere und Dinge aus der Geschichte heraus.
Schreibe so:

Menschen: L . . . , ...
Tiere: die M . . . . , ...
Dinge: das V . . . . , ...

4 Schreibe die Geschichte in dein Heft ab.

Das Faschingsfest

Uli hat sich als Seeräuber verkleidet. Er ballert mit seiner Pistole herum und fühlt sich sehr groß und stark. Da kommt Peter. Er hat sich als Zauberer verkleidet. Als Uli den goldenen Zauberstab sieht, versteckt er schnell seine Pistole.

der Seeräuber, verkleidet, er ballert, die Pistole, herum, groß, stark, der Zauberer, golden, er sieht, versteckt, er kommt, er fühlt.

So kannst du üben

1 Wie haben sich Peter und Uli verkleidet? Schreibe es in dein Heft.

2

Wie viele Kaninchen sind es? Genauso viele Buchstaben hat *ein* Namenwort in der Geschichte.
Schreibe es in dein Heft.

3 Zaubere immer zwei Wörter zusammen:

die See, der Räuber,
der Zauber, der Stab, die Pappe,
die Nase, die Luft, die Schlange,
der Pirat, das Schiff.

Schreibe so:

die See + der Räuber = der Seeräuber

4 Schreibe die Geschichte in dein Heft ab.

Wer kann es lauter?

Lore hat einen Kanarienvogel. Er heißt Caruso. Er zwitschert und trillert den ganzen Tag. Er ist ein fleißiger Sänger. Oft singt er sehr laut. Heute hat er sogar versucht den Staubsauger zu übertönen.

der Vogel, er heißt, er trillert,
fleißig, der Sänger, er singt,
laut, er versucht, übertönen,
sehr, der Kanarienvogel,
heute, er zwitschert.

So kannst du üben

1 Welches Wort in der Geschichte findest du am schwierigsten?
Schreibe es in die Luft und dann in dein Heft.

2

Welchen Satz singt Caruso?
Schreibe ihn in dein Heft.

3 Was tut Caruso den ganzen Tag?
Schreibe so:

Er z . . . . , er t. . . . . . . ,
er s . . . ., er ü . . . .
den Staubsauger

Unterstreiche die Zeitwörter.

4 Schreibe die Geschichte in dein Heft ab.

Der Frühling kommt bald

Herr Winter,
geh hinter,
der Frühling kommt bald!
Das Eis ist geschwommen,
die Blümlein sind kommen,
und grün wird der Wald.

Herr Winter,
geh hinter,
dein Reich ist vorbei.
Die Vögelein alle,
mit jubelndem Schalle,
verkünden den Mai!

Christian Morgenstern

der Frühling, geh, bald,
geschwommen, grün,
der Wald, vorbei, alle,
der Schall, verkünden,
der Mai, wird.

So kannst du üben

1 Welche Wörter reimen sich in dem Gedicht? Schreibe die Reimpaare in dein Heft.

2

Der  *kommt.*
Das  *schmilzt.*
Die  *blühen.*
Der  *wird grün.*
Die  *singen.*

Hier fehlen die Namenwörter.
Schreibe die Sätze vollständig in dein Heft.

3 Lies diese Namenwörter:

die Katze, das Kind, das Bett, das Haus, das Buch, das Dach, der Vogel, das Loch.

Mit den Wortbausteinen *-chen* und *-lein* kannst du verkleinern.

Schreibe so: *die Katze – das Kätzchen*

4 Schreibe das Gedicht in dein Heft ab.

Das neue Beet

Lore weint laut. Sie ist ja so traurig. Draußen regnet es. Das ist gemein. Sie wollte doch die Blumen in ihrem neuen Beet gießen. Sie hatte sich schon so darauf gefreut.

neu, das Beet, sie weint,
laut, traurig, es regnet,
draußen, sie wollte,
ihrem, die Blumen,
gießen, darauf, gefreut.

So kannst du üben

1 Warum ist Lore so traurig?
Schreibe es in dein Heft.

2

Lores Tränen haben die Buchstaben verwischt.
Schreibe die Sätze vollständig in dein Heft.

3 Suche alle Wörter mit *eu, au, ei* aus der Geschichte heraus.
Schreibe sie in dein Heft. Kreise (eu), (au) und (ei) bunt ein.

4 Schreibe die Geschichte in dein Heft ab.

Ostern

Die Kinder suchen Ostereier. Lore findet ein buntes Ei hinter dem Busch. Peter sieht ein großes, rotes Ei. Dort liegt ein hübscher Osterhase. Schnell legen sie alles in den Korb und suchen weiter. Der kleine Uli sitzt vor dem Korb und lässt es sich schmecken.

Ostern, sie findet, bunt, der Busch, er sieht, groß, rot, es liegt, hübsch, schnell, der Korb, weiter, er sitzt, er lässt, schmecken, Ostereier.

So kannst du üben

1 Was tut jedes Kind?
Schreibe es in dein Heft.

2

Jeder hat ein anderes Ei.
Schreibe so: *Uli hat ein . . . . . . Ei.*

3 Welche Eigenschaftswörter passen zu den Ostereiern?

eckig, blau, rot, leise, hübsch, sauer, bunt, süß, hart, bitter, laut, schnell, rund, grün, gelb, groß.

Schreibe so:
ein blaues Ei, ein r. . . . Ei.

4 Schreibe die Geschichte in dein Heft ab.

Fernsehen oder Fußball?

Peter stellt den Wecker. Er will die Kindersendung nicht verpassen. Da kommen seine Freunde. Sie wollen mit ihm Fußball spielen. Er rennt mit ihnen hinaus. Drinnen rasselt der Wecker. Niemand stellt ihn ab.

das Fernsehen, der Fußball,
er stellt ab, der Wecker, er will,
verpassen, kommen, wollen,
schnell, er rennt, er rasselt,
niemand, drinnen, ihnen.

So kannst du üben

1 Warum vergisst Peter die Kindersendung?
Schreibe es in dein Heft.

2

Welche Wörter stehen auf den Fußbällen?
Schreibe sie in dein Heft.

3 Suche alle Wörter mit *ll, ss, mm, nn* aus der Geschichte heraus.

Schreibe so: *stellt, ...*
Kreise die doppelten Mitlaute ein.

4 Schreibe die Geschichte in dein Heft ab.

Aufräumen

Wie sieht es wieder im Kinderzimmer aus? Alles liegt auf dem Teppich herum! Die Kasperpuppen, die Puzzles, der Ball, die Pinsel, Lores bunte Tücher, Peters Turnbeutel, Ulis Trompete. Abends wundert sich Mutter über das aufgeräumte Zimmer. Unter dem Bett guckt Kaspers rote Mütze hervor.

es liegt, der Teppich, abends,
aufgeräumt, die Kasperpuppen,
das Puzzle, der Pinsel,
der Turnbeutel, die Trompete,
sie guckt, hervor, die Mütze.

So kannst du üben

1 Was liegt auf dem Teppich herum? Schreibe es in dein Heft.

2

Setze das Puzzle zusammen. Schreibe den Satz in dein Heft.

3 Hier stehen Wörter mit *B, P, D, T, G, K:*

der Kasper, das Puzzle, die Puppe, das Tuch, der Beutel, die Trompete, das Bett, das Dach, der Dackel, die Geige, die Gans, die Katze.

Ordne die Wörter so:

B	P	D	T	G	K
das Bett	....	....	....	....	....

4 Schreibe die Geschichte in dein Heft ab.

Peters Hosentasche

Mutter räumt Peters Hosentaschen aus. Sie findet Nägel, Schnüre, Drähte und ein Stück Schokolade. Sie schreit auf. Ein Regenwurm! Peter wundert sich. Warum mag Mutter seinen Regenwurm nicht? Im Garten freut sie sich doch über jeden.

die Hosentasche, sie schreit,
sie räumt aus, sie findet,
die Schnüre, die Drähte, die
Nägel, er wundert sich, er
freut sich, die Schokolade.

So kannst du üben

1 Was findet Mutter in Peters Hosentasche? Schreibe es in dein Heft.

2

Wie heißt dieser Regenwurmsatz?
Schreibe ihn richtig in dein Heft.

3 Welche Wörter passen zusammen?

der Raum, der Nagel, die Schnüre, die Drähte, die Räume, der Wurm, die Nägel, der Draht, die Schnur, der Stuhl, die Würmer, die Stühle.

Schreibe immer Einzahl und Mehrzahl nebeneinander.

Schreibe so: *der Raum – die Räume*

. . . . – . . . .

4 Schreibe die Geschichte in dein Heft ab.

Grüne Nudeln

Uli hat Geburtstag. Er wird vier Jahre alt. Mutter kocht sein Lieblingsessen: Nudeln mit Fleischsoße. Heute plant sie eine Überraschung. Sie kocht grüne Nudeln. Beim Mittagessen schiebt Uli seinen Teller weg. Er beschwert sich: „Die Nudeln sind ja noch gar nicht reif.“

vier Jahre, der Geburtstag,
die Fleischsoße, er schiebt,
die Überraschung, der Teller,
das Mittagessen, die Nudeln,
er beschwert sich, sie plant.

So kannst du üben

1 Warum will Uli die grünen Nudeln nicht essen? Schreibe es in dein Heft.

2

Schreibe die Wörter, die sich zwischen den Nudeln versteckt haben, in dein Heft.

3 Lies diese Wörter. Sprich das *ie* sehr lang.

vier, der Liebling, sie, die, schieben, das Tier, das Papier, die Ziege, riechen, sieben.

Schreibe die Wörter in dein Heft. Kreise *ie* farbig ein.

4 Schreibe die Geschichte in dein Heft ab.

Das Familienfoto

Mutter sitzt im Sessel. Vater steht dahinter. Lore steht rechts und Peter links. Uli sitzt auf Mutters Schoß. Alle lächeln, nur Uli nicht. Er will lieber Roller fahren. Er rutscht von Mutters Schoß. Nun ist es doch kein richtiges Familienfoto geworden!

sie sitzt, der Sessel, dahinter, rechts, links, alle, sie lächeln, der Schoß, der Roller, fahren, er rutscht, er steht, richtig.

So kannst du üben

1 Was macht Uli?
Schreibe es in dein Heft.

2

Wo sitzt die Maus?
Schreibe so: *Die Maus sitzt …*

3 Mutter heißt Helga. Vater heißt Rolf. Wie die Kinder heißen, weißt du ja. Ordne die Vornamen der Familie Schreiber nach dem Abc. Schreibe sie in dein Heft.

4 Schreibe die Geschichte in dein Heft ab.

Einkaufen

Vater und Peter kaufen ein. Auf einem Zettel steht, was sie brauchen: Nudeln, Essig, Butter, Salat und Nüsse. An der Kasse überlegt Vater noch einmal. Haben wir auch nichts vergessen? Nein. Aber wo kommt denn der Lolli her?

der Lolli, der Zettel, er steht, müssen, der Salat, der Essig, die Butter, die Nüsse, die Kasse, er überlegt, einmal, vergessen, kommt, denn.

So kannst du üben

1 Was überlegt Vater an der Kasse?
Schreibe es in dein Heft.
Hast du auch schon einmal mit deinem
Vater eingekauft?

2

Löse das Silbenrätsel.
Schreibe die Namenwörter mit ihren
Begleitern in dein Heft.

3 Suche die Wörter mit *ss* aus der
Geschichte heraus. Schreibe sie in dein Heft.
Suche zu jedem Wort Reimwörter.
Kreise *ss* ein.

4 Schreibe die Geschichte
in dein Heft ab.

Im See

Heute ist das Wasser warm.
Heute kann's nicht schaden.
Schnell hinunter an den See!
Heute gehen wir baden.

Eins, zwei, drei – die Kleider aus,
Schuhe, Jacke, Wäsche!
Und dann, plumps, ins Wasser rein
gerade wie die Frösche!

Und der schöne Sonnenschein
brennt uns nach dem Bade
Brust und Buckel knusperbraun,
braun wie Schokolade.

Adolf Holst

das Wasser, schnell, der See, hinunter, die Schuhe, die Jacke, es brennt, der Buckel, die Wäsche, die Brust, warm, heute, dann, die Frösche.

So kannst du üben

1 Was tun die Kinder, als sie am See angekommen sind?
Lerne das Gedicht auswendig.

Hier sind die Wörter von zwei Sätzen durcheinander geraten. Schreibe die Sätze richtig in dein Heft.

3 Schreibe vier Namenwörter, vier Zeitwörter und vier Eigenschaftswörter aus dem Gedicht heraus. Schreibe so:

Namenwörter: das Wasser, ...
Zeitwörter: ....
Eigenschaftswörter: ....

4 Schreibe das Gedicht in dein Heft ab.

Der letzte Schultag

Heute ist der letzte Schultag. Lore geht nur noch ein paar Minuten in die zweite Klasse. Ganz leer ist es im Klassenzimmer. Die Bilder hängen nicht mehr an den Wänden. Die Schränke sind ausgeräumt. Auch von ihrer Lehrerin müssen sich die Kinder verabschieden. Sie wird leider nicht in die dritte Klasse versetzt.

letzte, ein paar Minuten, leer, hängen, die Wände, die Schränke, die dritte Klasse, verabschieden, wenigstens.

1 Wie sieht das Klassenzimmer aus?
Schreibe es in dein Heft.

2

Setze die gesuchten Buchstaben zu einem Wort zusammen.
Schreibe es in dein Heft.

3 Jede Übungsseite in diesem Buch fängt mit einer Frage an. Schreibe alle Fragewörter (W...?) in dein Heft. Male hinter jedes Fragewort ein Fragezeichen.

4 Schreibe die Geschichte in dein Heft ab.

Lösungen

Seite 21

1. Lore packt das Schreibheft, das Rechenheft, die neuen Buntstifte und ihr Kuscheltier in ihren Ranzen.

2. Lore geht in die zweite Klasse.

3.

der	der Ranzen der Bleistift
die	die Ferien die Buntstifte die Klasse
das	das Schreibheft das Rechenheft das Kuscheltier

Seite 23

1. Es sind die Regentropfen.

2. die Gespenster, der Regen, das Haus, das Dach, das Fenster.

3. Der Regen trippelt ums Haus.
Der Regen klopft ans Fenster.
Der Regen trommelt aufs Dach.
Der Regen kommt nicht herein.

Seite 25

1. Vater muss einen Reifen, die Lampe, die Klingel und die Kette reparieren.

2. Peters Fahrrad ist kaputt. Er möchte ein neues Fahrrad.

3. Die Geschichte hat acht Sätze.
Der längste Satz ist: Peter wäre ein neues Fahrrad lieber gewesen.

Seite 27

1. Lore und Peter basteln ein Pferd aus Kastanien, Männchen aus Eicheln und Schiffe aus Rinde.

2. Uli fädelt eine Kette aus Hagebutten auf.

3. die Kastanien, das Schiff, das Pferd, die Hagebutten, basteln, sammeln, die Rinde, der Flur.

Lösungen

Seite 29

1. Ein Haus am Marktplatz brennt. Helle Flammen schlagen aus dem Dach. Die Feuerwehrmänner spritzen mit Wasser. Dicker Rauch quillt aus den Fenstern.

2. Die Salatköpfe riechen nach Rauch.

3. bren-nen, Was-ser, hel-le, mit-tags, Flam-men, Mut-ter, Män-ner, quel-len.

Seite 31

1. Lore spuckt und schimpft, weil ihr jemand ein Stück Zitrone in den Mund gesteckt hat.

2. der Apfel S. 75, die Zitrone S. 80, der Lolli S. 78, die Nudeln S. 78, die Butter S. 75, der Salat S. 79, die Nüsse S. 78.

3. *Wenn du fünfmal sp/Sp und fünfmal st/St eingekreist hast, dann hast du es richtig gemacht.*

Seite 33

1. Lore erstickt fast an ihrem Geheimnis.

2. Geheimnis, Geschenk, Mutter, verraten, erstickt, vorgenommen.

3.

ver + stecken	= verstecken
ver + schließen	= verschließen
ver + ändern	= verändern
ver + bieten	= verbieten
vor + bereiten	= vorbereiten
vor + haben	= vorhaben
vor + spielen	= vorspielen
vor + lesen	= vorlesen

Seite 35

1. Die Kerze brennt nicht mehr, weil Peter sie mit dem Streichholz zusammen ausgepustet hat.

2. endlich, stolz, feiert, Advent.

3.

brennen	blitzen
braun	blasen
bremsen	bleiben
brav	blau
bringen	

Lösungen

Seite 37

1. „Christkind ist da", sangen die Engel im Kreise über der Krippe immerzu.

2. Der Esel sagte leise I-a.
Der Ochse sagte sein Muh.
Es dürfen auch nahen ich
und du.

3. *Du hast es sicher so gut auswendig gelernt, dass du es zu Weihnachten aufsagen kannst.*

Seite 39

1. Lore schafft ihre Hausaufgaben nicht allein. Vater ruft aus dem Büro an. Uli hat Hunger. An der Tür klingelt es.

2. Peter kocht Tee für Mutter.

3. Viele Flocken im Schnee.
Viele Blüten im Klee.
Viele Wellen im See.
Viele Blätter im Tee.

Seite 41

1. Meisen und Spatzen picken die Körner auf. Eine dicke Amsel will ihnen alles wegfressen.

2. Fenster, Zimmer, still, Vögel, steht.

3. Menschen: Lore, Peter, Uli.
Tiere: die Meisen, die Spatzen, die Amsel, die Vögel.
Dinge: das Vogelhäuschen, das Zimmer, die Körner, die Fensterscheibe.

Seite 43

1. Peter hat sich als Zauberer verkleidet. Uli hat sich als Seeräuber verkleidet.

2. Es sind 10 Kaninchen.
Zauberstab hat 10 Buchstaben.

3. der See + der Räuber
= der Seeräuber
der Zauber + der Stab
= der Zauberstab
die Pappe + die Nase
= die Pappnase
die Luft + die Schlange
= die Luftschlange
der Pirat + das Schiff
= das Piratenschiff

Lösungen

Seite 45

1. Lore findet *zwitschert* am schwierigsten.

2. Der Kanarienvogel ist ein fleißiger Sänger.

3. Er zwitschert. Er trillert. Er singt. Er übertönt den Staubsauger.

Seite 47

1. Winter – hinter, bald – Wald, geschwommen – kommen, vorbei – Mai, alle – Schalle.

2. Der Frühling kommt. Das Eis schmilzt. Die Blumen blühen. Der Wald wird grün. Die Vögel singen.

3. die Katze – das Kätzchen
das Kind – das Kindchen
das Bett – das Bettchen
das Haus – das Häuschen
der Vogel – das Vögelchen
das Buch – das Büchlein
das Dach – das Dächlein
das Loch – das Löchlein

Wenn du Kätzlein, Kindlein, Bettlein, Häuslein oder Vögelein geschrieben hast, dann ist das auch nicht falsch.

Seite 49

1. Draußen regnet es. Das ist gemein. Sie wollte doch die Blumen in ihrem neuen Beet gießen. Sie hatte sich schon so darauf gefreut.

2. Lore weint laut. Sie ist ja so traurig. Es regnet draußen.

3. neue, neuen, gefreut
laut, traurig, draußen, darauf
weint, gemein

Seite 51

1. Lore findet ein buntes Ei hinter dem Busch. Peter sieht ein großes, rotes Ei. Der kleine Uli sitzt vor dem Korb und lässt es sich schmecken.

2. Uli hat ein buntes Ei. Mutter hat ein hübsches Ei. Lore hat ein blaues Ei. Peter hat ein rotes Ei. Vater hat ein grünes Ei.

3. ein blaues Ei, ein rotes Ei, ein hübsches Ei, ein buntes Ei, ein süßes Ei, ein hartes Ei, ein grünes Ei, ein gelbes Ei, ein großes Ei.

Seite 53

1. Peter spielt mit seinen Freunden Fußball.

2. wollen, stellen, drinnen, rasseln.

3. stellt, will, verpassen, kommen, wollen, Fußball, rennt, drinnen, rasselt.

Seite 55

1. Auf dem Teppich liegen herum: die Kasperpuppen, die Puzzles, der Ball, die Pinsel, Lores bunte Tücher, Peters Turnbeutel, Ulis Trompete.

2. Mutter wundert sich abends über das aufgeräumte Zimmer.

3.

B	P
der Beutel	das Puzzle
das Bett	die Puppe

D	T
das Dach	das Tuch
der Dackel	die Trompete

G	K
die Geige	der Kasper
die Gans	die Katze

Seite 57

1. Sie findet Nägel, Schnüre, Drähte, ein Stück Schokolade und einen Regenwurm.

2. Warum mag Mutter seinen Regenwurm nicht?

3. der Raum – die Räume
der Nagel – die Nägel
die Schnur – die Schnüre
der Draht – die Drähte
der Wurm – die Würmer
der Stuhl – die Stühle

Seite 59

1. Er beschwert sich: „Die Nudeln sind ja noch gar nicht reif."

2. Fleischsoße, Nudeln, Geburtstag, Überraschung.

3. *Hoffentlich bist du mit dem Aussprechen der langen ie-Wörter rechtzeitig fertig geworden.*

Lösungen

Seite 61

1. Uli sitzt auf Mutters Schoß. Alle lächeln, nur Uli nicht. Er will lieber Roller fahren. Er rutscht von Mutters Schoß.

2. Die Maus sitzt links.
   Die Maus sitzt dahinter.
   Die Maus sitzt rechts.

3. Helga, Lore, Peter, Rolf, Uli.

Seite 63

1. Haben wir auch nichts vergessen? Nein. Aber wo kommt denn der Lolli her?

2. der Essig, der Salat, die Nüsse, die Nudeln, die Butter, der Lolli.

3. Essig / fress' ich — Nüsse / Flüsse
   Kasse / Tasse — vergessen / gefressen

Seite 65

1. Eins, zwei, drei – die Kleider aus,
   Schuhe, Jacke, Wäsche!
   Und dann, plumps, ins Wasser rein
   gerade wie die Frösche!

2. Der Sonnenschein brennt auf Brust und Buckel. Die Kinder gehen hinunter an den See.

3. Namenwörter: das Wasser, der See, die Kleider, die Schuhe.

   Zeitwörter: schaden, gehen, baden, brennen.

   Eigenschaftswörter: warm, schnell, schön, braun.

Seite 67

1. Ganz leer ist es im Klassenzimmer. Die Bilder hängen nicht mehr an den Wänden. Die Schränke sind ausgeräumt.

2. K L A S S E N Z I M M E R

3. Was? Wer? Warum? Wodurch? Welche? Wie?

Wörterverzeichnis

Wörterverzeichnis

ab
der Abend
abends
abstellen
acht
der Advent
alle
allein
anfangen
anzünden
der Apfel
der April
aufräumen
das Auge
der August

bald
basteln
der Bauch
das Beet
das Bein
beobachten
blasen
das Blatt
blau
die Blumen
die Blüte
braun
brennen
der Bruder
die Brust
bunt
das Büro
der Busch
die Butter
das Christkind

das Dach
dahinter
daneben
darauf
denn
der Dezember
dick
der Dienstag
doch
der Donnerstag
der Draht
draußen

Wörterverzeichnis

drei
drinnen
dürfen

eigentlich
einkaufen
einmal
einpacken
eins
endlich
der Engel
erst
essen
etwas

fahren
das Fahrrad
fast
der Februar
feiern
das Fenster
die Ferien
das Fernsehen
fest
das Feuer
finden
der Finger
die Flamme
fleißig
die Flocke
fragen
der Freitag
sich freuen
der Frühling
fühlen
fünf
der Fuß

ganz
geben
der Geburtstag
das Geheimnis
die Geheimnisse
gehen
gelb
das Geschenk
gießen
groß
grün
gucken

Wörterverzeichnis

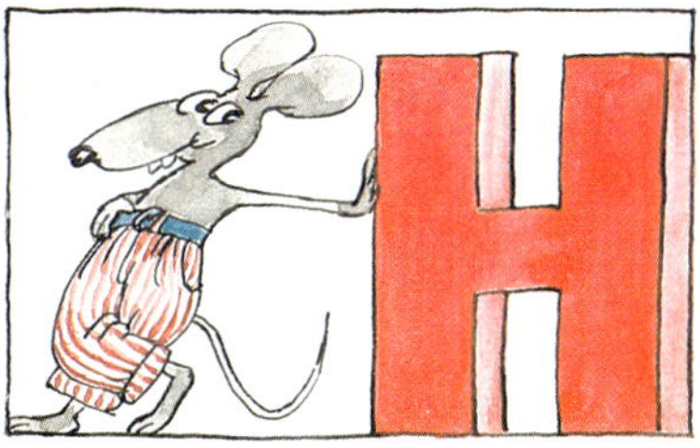

die Haare
die Hand
hängen
das Haus
das Heft
heißen
helfen
hell
der Herbst
herein
herum
hervor
heute
hinunter
die Hose
hübsch
der Hunger
ihm
ihr
ihre
immer

die Jacke
das Jahr
der Januar
jetzt
der Juli
der Junge
der Juni

die Kasse
die Kerze
die Kette
das Kind
die Klasse
der Klee
das Kleid
klein
die Klingel
kochen
kommen
der Kopf
der Korb
der Kreis
lachen
lassen
laut
leer
der Lehrer
lesen

Wörterverzeichnis

das Licht
lieb
das Lied
liegen
links
der Lolli

das Mädchen
der Mai
der Markt
der März
die Minute
der Mittag
mittags
der Mittwoch
mögen
der Mond
der Montag
der Morgen
morgens
der Mund
müssen
die Mutter
die Mütze

die Nacht
nachts
der Nagel
der Name
die Nase
neu
neun
nichts
nie
niemand
der November
die Nudeln
die Nuss
die Nüsse
oben
oft
ohne
das Ohr
der Oktober
das Ostern
das Papier

Wörterverzeichnis

das Pferd
die Pflanze
picken
der Pinsel
der Platz
die Puppe
das Puzzle
der Ranzen
der Rauch
rechnen
rechts
regnen
reif
rennen
richtig
riechen
der Roller
rot
ruhig
rutschen

sagen
der Salat
sammeln
der Samstag
schieben
das Schiff
schimpfen
schmecken
der Schnee
schnell
die Schnur
die Schokolade
der Schrank
schreiben
schreien
die Schule
schwarz
die Schwester
schwimmen
sechs
der See
sehen
sehr
der September
der Sessel
sieben
singen
sitzen
sollen
der Sommer
die Sonne
der Sonntag
spät
spielen
stark
stehen
der Stern
still
stolz
das Stück
der Stuhl
die Stunde

Wörterverzeichnis

der Tag
der Tee
der Teller
tief
das Tier
der Tisch
träumen
traurig
trinken
turnen
üben
übrig
die Uhr
unten

der Vater
vergessen
verraten
verstecken
versuchen
vier
der Vogel
vor
vorbei
vorsichtig
der Wald
waschen
das Wasser
der Wecker
das Weihnachten
weiß
weit
die Welle
wieder
der Winter
die Woche
wohnen
wollen

zählen
der Zahn
zaubern
die Zehe
zehn
die Zeit
das Zimmer
die Zitrone
zuletzt
zwei
zwischen